Bibliografische Information der Deutschen Nationalbibliothek:

Die Deutsche Bibliothek verzeichnet diese Publikation in der Deutschen National-
bibliografie; detaillierte bibliografische Daten sind im Internet über http://dnb.d-
nb.de/ abrufbar.

Impressum:

Copyright © 2001 GRIN Verlag, Open Publishing GmbH
Druck und Bindung: Books on Demand GmbH, Norderstedt Germany
ISBN: 9783638637350

Dieses Buch bei GRIN:

http://www.grin.com/de/e-book/1700/kostenstellenrechnung-mit-sap-r-3

Ethem Atilgan

Kostenstellenrechnung mit SAP R/3

GRIN Verlag

GRIN - Your knowledge has value

Der GRIN Verlag publiziert seit 1998 wissenschaftliche Arbeiten von Studenten, Hochschullehrern und anderen Akademikern als eBook und gedrucktes Buch. Die Verlagswebsite www.grin.com ist die ideale Plattform zur Veröffentlichung von Hausarbeiten, Abschlussarbeiten, wissenschaftlichen Aufsätzen, Dissertationen und Fachbüchern.

Besuchen Sie uns im Internet:

http://www.grin.com/

http://www.facebook.com/grincom

http://www.twitter.com/grin_com

Abbildungsverzeichnis:

Tabellenverzeichnis:

1. Einleitung

Diese Hausarbeit hat zum Ziel, dem Leser das Unternehmen SAP und sein weitverbreitetes Produkt SAP R/3 kurz vorzustellen und im speziellen die Möglichkeiten der Realisierung einer Cost Center bezogener Kostenplanung und -kontrolle aufzuzeigen. Dabei liegt der Schwerpunkt dieser Arbeit im Bereich der Kostenstellenrechnung. Die Möglichkeit der Budgetierung sowie Planung und Ist Verrechnung bleibt in dieser Arbeit aus Kapazitätsgründen außen vor und wird deshalb nicht behandelt. Dabei werde ich in der Hausarbeit in drei schritte das Thema Kostenstellenrechnung mit SAP/R3 behandeln. Im ersten abschnitt werde ich das Unternehmen SAP vorstellen. Im zweiten Abschnitt werde ich in die Kostenrechnung etwas eingehen und den Zusammenhang zwischen Kostenarten-, Kostenstellen- und Kostenträgerrechnung vorstellen. Im letzten Abschnitt werde ich speziell im SAP R/3 Controlling mit einem Beispiel Kostenrechnungskreis Kostenarten, Kostenstellen und Leistungsarten anlegen.

Dieses Beispiel wurde mit dem SAP R/3 Release 4.6 C durchgeführt das gerade an der HWP installiert wurde. Ich werde in diesem Beispiel dem Leser vorstellen wie die primäre und sekundäre Kostenarten angelegt werden. Des weiteren wird dann das Ziel sein die Kostenstellen im SAP R/3 System anzulegen. Zudem werde ich als letzten Schritt die Leistungsarten und Innenaufträge für Abgrenzung im SAP R/3 System mit einem Beispiel anlegen.

Ich hoffe damit einen kleinen Überblick über die Kostenplanung im SAP System dargestellt zu haben. Ziel dieser Hausarbeit war auch für mich in SAP R/3 sowie im Controlling Modul einen besseren Überblick zu bekommen.

2. Das Unternehmen SAP und das Produkt SAP R/3
2.1. Das Unternehmen SAP

Die SAP AG mit Hauptsitz in Walldorf (Baden) ist der drittgrößte Softwareanbieter der Welt und zugleich der führende Anbieter von Softwarelösungen, welche die überbetriebliche Zusammenarbeit der Prozesse in Unternehmen und über Unternehmensgrenzen hinweg integrieren.

Das 1972 von fünf ehemaligen IBM-Mitarbeitern gegründete Unternehmen zählt mittlerweile über 21.700 Beschäftigte und ist in mehr als 50 Ländern vertreten. Die R/3-Software wurde in rund 110 Ländern ca. 30.000 mal, in Unternehmen aller Größenordnungen, installiert. Zu den Kunden der SAP AG gehören solch namhafte Unternehmen wie u.a. Colgate, Palmolive, DaimlerChrysler, Deutsche Telekom, Fiat, Microsoft, Minolta, Pirelli, Bosch, Philips, Siemens, Sony, Telecom Italia und Volkswagen.[1]

SAP (Systeme, Anwendungen, Produkte) ist seit 1988 eine Aktiengesellschaft. Ihre Aktien werden an mehreren Börsen gehandelt, unter anderem in Frankfurt, wo die SAP zu den DAX-Werten gehört, und in New York (NYSE).

Als Aktiengesellschaft mit Hauptsitz in Deutschland wird das Unternehmen von einem fünfköpfigen Vorstand geführt, dessen Verantwortungsbereiche die Strategie und die Marktausrichtung des Unternehmens spiegeln.[2]

---

[1] SAP AG, www.sap.de, vom 20.08.01
[2] SAP AG: www.sap.de, vom 14.09.01

2.2. Das Produkt SAP R/3

2.2.1. Definition SAP R/3

SAP R/3 ist eine Familie integrierter Komponenten (z.B. Produktion, Vertrieb, Controlling, Logistik, Personalwirtschaft), die als Ganzes oder stufenweise eingesetzt werden können.
Das „R" steht dabei für „Realtime". Dies bedeutet, dass die Anwender auf erfasste oder veränderte Daten an unterschiedlichen Stellen der Prozesskette zeitaktuell zugreifen können, die „3" steht für die 3. Version der Software.

Die Standardsoftware deckt nahezu alle betriebswirtschaftlichen Aufgaben eines Unternehmens EDV- technisch ab. Bei veränderten Rahmenbedingungen, z.B. technologischer Weiterentwicklung, Jahressteuergesetze, EURO, etc., wird die Standardsoftware vom Hersteller angepasst, wodurch dem Kunden eigene, individuelle Aktualisierungen erspart werden. Die Software wird mittlerweile in 28 Sprachen (inkl. Japanisch) und in 19 Branchenlösungen angeboten.[3]

2.2.2. Vorteile SAP R/3

Ein wesentlicher Vorteil von R/3 ist die Integration von Daten, Funktionen und Prozessen, d.h. die einzelnen SAP-Module interagieren auf eine Weise miteinander, die es ermöglicht, für alle Anwender in allen Funktionsbereichen einen gemeinsamen und aktuellen Datenbestand zu gewährleisten. So wird z.B. ein bewerteter Wareneingang zum Zeitpunkt der Buchung direkt in der Finanzbuchhaltung und im Controlling wirksam. Dies erhöht die Transparenz und die Aktualität der Daten und ermöglicht ein schnelleres durchlaufen der Prozesskette. Des weiteren lässt sich SAP R/3 durch Customizing speziell an die Belange der einzelnen Unternehmen anpassen.
Zusätzlich ermöglicht die im R/3 bereitgestellte eigene Entwicklungsumgebung (Development Workbench), auf Basis der hauseigenen Programmiersprache ABAP/4, die Erstellung eigener Berichte und Auswertungen oder zusätzlicher Anwendungen.[4]

Die Vorteile im Einzelnen sind:

♦ Alle betriebswirtschaftlichen Belange eines Unternehmens werden mit einem System abgedeckt
♦ Im Berichtswesen kann aus einer erzeugten Liste jederzeit auf den Einzelbeleg zugegriffen werden.
♦ Allen Funktionen liegt eine einheitliche Datenbasis zugrunde. Jede Information liegt systemweit nur einmal vor, so dass keinerlei Redundanz- oder Aktualitätsprobleme bestehen.
♦ Durch die einheitliche Datenbasis ergibt sich eine höhere Geschwindigkeit beim Ablauf eines Gesamtprozesses, da keine zeitaufwendigen Konvertierungen der Daten an Schnittstellen notwendig sind. Weiterhin sind Periodenabschlüsse schneller erstellbar, da sich keine Konsolidierungsprobleme ergeben.
♦ Flexible und einfache Systemhandhabung durch einheitliche Windowsoberfläche.

---

[3] F. Liening, SAP R/3 Controlling, Markt & Technik Buch- und Software-Verlag, München 1996, S. 14-15
[4] F. Liening, SAP R/3, 1996, S.16 f.

2.2.3. Module in SAP R/3

SAP R/3 besteht aus folgenden Modulen:
Abbildung 1: Module der SAP R/ 3 Software

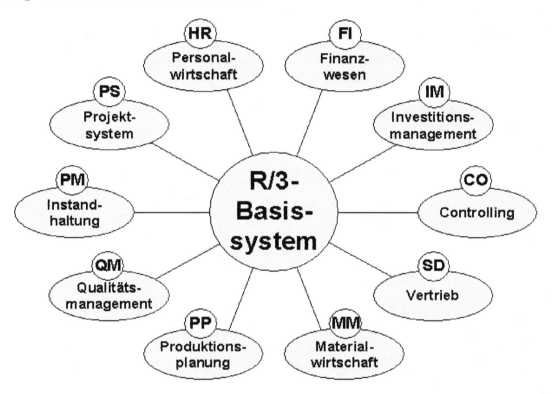

Entnommen aus: Keller/Teufel: SAP R/3 prozessorientiert anwenden, Addison Wesley Longman Verlag GmbH, Bonn 1998, S. 72

Abbildung 2: Module der SAP-Software [5]

Modul	Bezeichnung englisch	Bezeichnung deutsch	Funktionen
FI	Financial Accounting	Finanzwesen	Finanzbuchhaltung mit Konsolidierung
CO	Controlling	Controlling	Kostenerstellung, Innenaufträge, Markt- und Ergebnisrechnung, Profit-Center-Rechnung
AA	Asset Accounting	Anlagenwirtschaft	Anlagenbuchhaltung, technische Anlagenverwaltung
SD	Sales and Distribution	Vertrieb	Konditionen, Preisfindung, Verkauf, Versand, Fakturierung
MM	Materials Management	Materialwirtschaft	Einkauf, Bestandsführung, Bewertung, Inventur, Lagerverwaltung, Disposition und Rechnungsprüfung
PP	Production Planing	Produktionsplanung	Stücklisten- und Arbeitsplanverwaltung, Absatz-, Produktions-, Bedarfsplanung, Fertigungsaufträge, Kalkulation
QM	Quality Management	Qualitätsmanagement	Prüfplanung, Prüfabwicklung, Stichprobenverfahren
PM	Plant Maintenance	Instandhaltung	Arbeits-, Wartungspläne, Instandhaltungsauftragsverwaltung
HR	Human Resources	Personalwirtschaft	Zeiterfassung, Lohn- und Gehaltsabrechnung, Reisekostenabrechnung, Personalplanung
PS	Project-System	Projekt-System	Netzplan, Kostenplanung und Budgetverwaltung, Vorwärts- und Rückwärtsterminierung
OC	Office Communication & Business Workflow	Büroautomatisierung & Geschäftsprozesse	Anschluss optischer Archivierungssysteme, SAPoffice mit Mail, EDI-System zum Datenaustausch
IS	Industry Solutions	Branchenlösungen	Prozessindustrie, Handel

2.2.4. Komponenten des Controlling-Moduls (CO)

Ein Modul besteht wiederum aus Komponenten und Teilkomponenten. Da in dieser Hausarbeit das Thema,, Kostenstellenrechnung mit SAP R/3" behandelt wird, wird hier auch nur das Modul Controlling mit seiner Komponente CO-OM näher beleuchtet.

Das Controlling-Modul besteht aus folgenden Komponenten (Teilkomponenten):

---

[5] SAP AG, http://help.sap.com/saphelp_46c, SAP AG Release 4.6C, April 2001

Abbildung 3: Komponenten der Controlling-Modul[6]

Komponente	Bezeichnung englisch	Bezeichnung deutsch	Teilkomponenten
CO-OM		Gemeinkosten-Controlling	Kostenarten, Kostenstellen, Leistungsarten, Innenaufträge, Projekte, Prozesse, Plankosten, Sollkosten, IST-Kosten, Mengen
CO-PC		Produktkosten-Rechnung	Produktkalkulation, Kostenträger-rechnung, Erzeugniskalkulation, Bauteilkalkulation
CO-PA		Ergebnis-Rechnung	Merkmale und Wertdimensionen, Umsatzkosten-Verfahren, kalkulatorisch o. buchhalterisch
CO-PCA		Profit-Center-Rechnung	Parallelrechnung, interne Betriebs-Ergebnisse, GKV und UKV, etc.

3.0 Grundlagen des SAP R/3 Systems

3.1 Teilbereiche der Kostenrechnung

Der Kostenrechnung gliedert sich in die Teilbereiche Kostenarten-, Kostenstellen- und Kostenträgerrechnung. In der Kostenartenrechnung werden zunächst sämtliche Kosten erfasst und nach Kostenarten gegliedert. Dabei erfolgt u.a. eine Untergliederung nach Kosten, die den Kostenträgern unmittelbar zugerechnet werden können und nach Kosten, bei denen diese unmittelbare Zurechnung nicht möglich ist. Dieses nennt man Gemeinkosten, die werden in der Kostenstellenrechnung den Kostenstellen verursachungsgerecht zugeordnet. Die Beanspruchung der einzelnen Kostenstellen durch die Kostenträger ist dann Maßstab für die Zuordnung der Gemeinkosten auf die Kostenträger. Dies geschieht in der Kostenträgerrechnung, in der auch die Einzelkosten aus der Kostenartenrechnung den Kostenträgern direkt zugeordnet werden.[7] Der Zusammenhang wird unten in der folgenden Abbildung graphisch dargestellt.

[6] F. Liening, SAP R/3, 1996, S.18
[7] L. Haberstock, Kostenrechnung 1 Einführung, Erich Schmidt Verlag, Berlin 1998, Seite 53f.

Abbildung 4: Verrechnung der Kosten von der Kostenarten- über die Kostenstellen- in die Kostenträgerrechnung

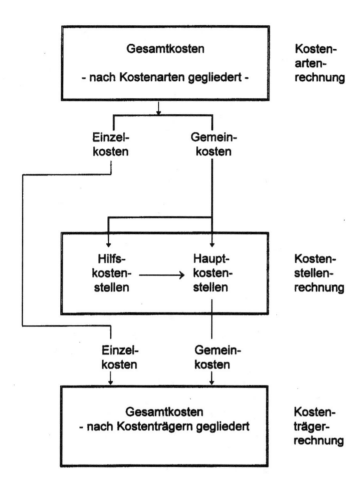

Entnommen aus: Lothar Haberstock, Kostenrechnung 1 Einführung, ES Verlag, Berlin 1998, Seite 54

3.1.2 Kostenartenrechnung

Die Kostenartenrechnung bildet die erste Stufe der betrieblichen Kostenrechnung. Ihre Aufgabe liegt in der gegliederten Erfassung aller in einer Abrechnungsperiode angefallenen Kosten nach der Art der verbrauchten Einsatzfaktoren. Die Zentrale Fragestellung der Kostenartenrechnung lautet dabei; Welche Kosten sind insgesamt in welcher Höhe angefallen?[8] Der Kostenartenrechnung hat somit folgende Aufgaben:

♦ Vollständigkeit, Genauigkeit und die Aktualität bestimmen die Verwendbarkeit der Kosteninformationen
♦ Eine Kostenorientierte Planung und Kontrolle zu ermöglichen[9]
♦ Eine Informationsbasis für Entscheidungszwecke bereitzustellen

---

[8] L. Haberstock, Kostenrechnung 1, 1998, S.55f.
[9] Winfried Mellwig, Betriebswirtschaft (Kompendium für das Examen zum VBH/WP), Hamburg 1995, S. 90 ff.

♦ Flexibilität des Systems der Kostenrechnung, d.h. neue Verbrauchsvorgänge müssen jederzeit berücksichtigt werden

3.1.2 Kostenstellenrechnung

Die Kostenstellenrechnung bildet die zweite Stufe der Kosten- und Leistungsrechnung. In der Kostenstellenrechnung werden die in der Kostenartenrechnung erfassten Kosten auf die betrieblichen Funktionsbereiche (Kostenstellen) verteilt. Dies gilt insbesondere für die Gemeinkosten die nicht unmittelbar einzelnen Produktionseinheiten (Kostenträgern) zugeordnet werden können. Die Aufgaben der Kostenstellenrechung können wie folgt charakterisiert werden:

♦ Erfassung der primären Gemeinkosten auf die Kostenstellen
♦ Durchführung der innerbetrieblichen Leistungsverrechnung
♦ Ermittlung von Kalkulationssätzen zur Weiterverrechnung der Gemeinkosten
♦ Gewinnung von Informationen über die Wirtschaftlichkeit des Produktionsvollzugs zum Zwecke der Kostenkontrolle[10]

Kostenstellen sind die Orte der Kostenentstehung und damit die Orte der Kostenzurechnung. Man bezeichnet die Kostenstellen auch als Kontierungseinheiten, die nicht immer mit der räumlichen, organisatorischen oder funktionellen Gliederung des Betriebes übereinzustimmen brauchen.[11]

Die Kostenstelle muss ein **selbständiger Verantwortungsbereich**[12] sein, um eine wirksame Kostenkontrolle zu gewährleisten. Sie soll möglichst auch eine räumliche Einheit sein, um Kompetenzüberschneidungen zu vermeiden.

Ich werde hier in diesem Kapitel nicht detailliert auf die Kostenstellenrechnung eingehen. Diese Bereich wird im Kapitel 4.0 detaillierte erklärt und dargestellt.

3.1.3 Kostenträgerrechnung

Die Kostenträgerrechnung ist die letzte und damit die dritte Stufe der Kostenrechnung. Nachdem die Kosten nach Faktorarten erfasst und dann auf die Kostenstellen verteilt wurden, gilt es jetzt, auf die Kostenträger die durch sie verursachten Kosten zu verteilen. Die Fragestellung der Kostenträgerrechnung lautet also; Wofür sind die Kosten angefallen?[13] Die Aufgaben der Kostenträgerrechnung können wie folgt charakterisiert werden:

Kostenträger sind die betrieblichen Leistungen, die den Güter- und Leistungsverzehr ausgelöst haben. Ihnen werden die Kosten zugerechnet. Kostenträger können Absatzleistungen und innerbetriebliche Leistungen sein.

Die Aufgaben der Kostenträgerrechnung bestehen nun darin, die Herstell und Selbstkosten der Kostenträger zu ermitteln, um[14]

♦ die Bewertung der Bestände an Halb- und Fertigfabrikaten sowie selbsterstellten Anlagen in der Handels- und Steuerbilanz zu ermöglichen.
♦ die Durchführung der kurzfristigen Erfolgsrechung nach dem Gesamt- oder Umsatzkostenverfahren zu gewährleisten.
♦ Unterlagen für preispolitische Entscheidung zu erhalten.

---

[10] L. Haberstock, Kostenrechnung 1, 1998, Seite 104
[11] W. Kilger, Einführung in die Kostenrechnung, 3. Auflage, Wiesbaden 1987, Seite 154-264
[12] Klaus Dellmann, Kosten- und Leistungsrechnung Band 2., München 1993, Seite 351-352
[13] L. Haberstock, Kostenrechnung 1, 1998, Seite 143
[14] W. Kilger, Betriebliches Rechnungswesen, Wiesbaden 1987, S.882-884

♦ Ausgangsdaten für Problemstellungen innerhalb der Planungsaufgaben zu gewinnen.
♦ Verrechnungspreise für Leistungsbeziehungen zu nahestehenden Personen zu erhalten.

3.2. Kostenplanung im CO – OM - System

Der Ablauf der Kostenplanung bzw. Kostenstellenplanung muss den betrieblichen Gegebenheiten, den branchenspezifischen Besonderheiten, organisatorischen Strukturen und Verantwortungen angepasst werden. Das hat zur Folge, dass jedes Unternehmen die Ausgestaltung seines Planungsprozesses individuell abhandelt. Aufgrund dessen soll der im folgenden aufgezeigte Planungsablauf als Anschauung und nicht als vorgeschriebene Reihenfolge verstanden werden.

3.2.1. Planung statistischer Kennzahlen

Als erster Planungsschritt sollten die statistischen Kennzahlen geplant werden, da sie zur Ermittlung von Planleistung und Plankapazität einer Kostenstelle (z.B. Anzahl der Mitarbeiter) genutzt werden können. Des weiteren werden die statistischen Kennzahlen zur Durchführung von (Plan-)Umlagen und (Plan-)Verteilungen sowie zur Kennzahlenermittlung im Berichtswesen benötigt. Mit dieser Planung können folgende Ziele erreicht werden:[15]

♦ Bestimmung von Kennzahlen zu Kostenstellen (z.B. Kosten pro m² Raum oder pro Mitarbeiter).
♦ Festlegen von Empfängerbasiswerten für Umlage und Verteilung (z.B. Verteilung der Telefonkosten auf Basis der Telefonanschlüsse).

Einstiegsbild der statistischen Kennzahlenplanung:
Hier werden die Planversion, der Planungszeitraum sowie die Planungsobjekte festgelegt. Folgende Angaben müssen vorgenommen werden:

~ Version: Planversion in der geplant werden soll.

Vor der eigentlichen Kostenplanung werden Planversionen definiert.
In der betrieblichen Praxis werden bei der Planerstellung zumeist unterschiedliche Erwartungen bezüglich der zukünftigen Entwicklung der betrieblichen Kostensituation zugrunde gelegt.
Deshalb werden z.B. unterschiedliche Pläne erzeugt, um optimistische, wahrscheinliche oder pessimistische Erwartungen bezüglich der Kostenentwicklung abzubilden.
Diese Vorgehensweise unterstützt die Kostenstellenrechnung des SAP R/3-Systems, indem es die Möglichkeit einräumt, unterschiedliche Planversionen zu führen. Diese Planversionen müssen definiert werden, bevor mit dem Planungsprozess begonnen werden kann.

~ Von Periode/bis Periode: Planungsperioden, für die die Planung durchgeführt werden soll
~ Geschäftsjahr: Geschäftsjahr, in dem geplant werden soll.
~ Kostenstelle/bis/oder Gruppe: Festlegung der Kostenstellen, auf denen statistische Kennzahlen geplant werden sollen. Es besteht die Möglichkeit, eine einzelne Kostenstelle, ein Kostenstellenintervall oder eine Kostenstellengruppe anzugeben.
~ Statistische Kennzahl/bis/oder Gruppe: Festlegung der statistischen Kennzahlen, für die

[15] F. Liening, SAP R/3, 1996. S. 116 f.

Werte geplant werden sollen. Es kann eine statistische Kennzahl, ein Kennzahlenintervall oder eine statistische Kennzahlengruppe eingegeben werden.[16]

Übersichtsbild und Periodenbild der statistischen Kennzahlenplanung:
Aus dem Einstiegsbild kommt man in das Übersichtsbild oder in das Periodenbild, in denen weitere Planwerte hinterlegt werden. Die im Übersichtsbild geplanten Werte beziehen sich auf den gesamten Planungszeitraum, d.h. es werden Gesamtwerte geplant, die mit Hilfe der Verteilungsschlüssel auf die einzelnen Perioden des Planungszeitraums verteilt werden. Im Periodenbild jedoch, besteht die Möglichkeit, Planwerte für die einzelnen Perioden des Planungszeitraums zu erfassen.
In den Spalten des Übersichts- bzw. Periodenbildes werden folgende Angaben gemacht:[17]

~ >Skennz<: Schlüssel der statistischen Kennzahl und deren Beschreibung. Diese Felder werden automatisch aufgrund der Selektionen im Einstiegsbild gefüllt
~ >T<: Kennzeichen des Kennzahlentyps (1=Festwert, 2=Summenwert). Den Kennzahlentyp ermittelt R/3 automatisch aus dem Kennzahlenstammsatz. Eine Änderung im Rahmen der Planung ist nicht möglich.
~ >Lfd. Planwert<: In diesem Feld kann der Planwert für die statistische Kennzahl für den gesamten Planungszeitraum bzw. für den Periodenzeitraum eingetragen werden.
~ >Max. Planwert<: In diesem Feld kann die maximale Ausprägung angegeben werden, die der Planwert im gesamten Planungszeitraum bzw. Periodenzeitraum annehmen darf.
~ >VS<: Kennzeichen des Verteilungsschlüssels. Ein Verteilungsschlüssel kann sowohl für den laufenden Planwert als auch für den maximalen Planwert hinterlegt werden.
~ >EH<: Einheit der statistischen Kennzahl. Die Einheit ermittelt R/3 automatisch aus dem Kennzahlenstammsatz. Eine Änderung ist im Rahmen der Planung nicht möglich.

3.2.2. Planung der Leistungsarten

Mit Hilfe der Leistungsarten (Bezugsgrößen) lässt sich der mengenmäßige Output einer Kostenstelle abbilden. Die Planung der Leistungsarten wird für die Ermittlung von Sollkosten für den Soll-Ist-Vergleich auf Kostenstellen und für die Durchführung der innerbetrieblichen Leistungsverrechnung benötigt. Die Tarife der Leistungsarten können in CO-OM manuell gesetzt werden (z.B. als politische Verrechnungspreise) oder iterativ unter Berücksichtigung sämtlicher Leistungsbeziehungen zwischen Kostenstellen von R/3 ermittelt werden.

Einstiegsbild der Leistungsarten/Tarife-Planung:
Im Einstiegsbild der Leistungsartenplanung werden die Planversion, der Planungszeitraum sowie die Planungsobjekte (Kostenstellen/Leistungsarten) festgelegt. Folgende Angaben müssen vorgenommen werden:[18]

~ Version: Planversion, in der geplant werden soll.
~ Von Periode/bis Periode: Planungsperioden, für die die Planung durchgeführt werden soll.
~ Geschäftsjahr: Geschäftsjahr in dem geplant werden soll.
~ Kostenstelle/bis/oder Gruppe: Festlegung der Kostenstellen, auf denen Leistungsarten geplant werden sollen. Es besteht die Möglichkeit, eine einzelne Kostenstelle, ein Kostenstellenintervall oder eine Kostenstellengruppe anzugeben.
~ Leistungsart/bis/oder Gruppe: Festlegung der Leistungsarten, für die Werte geplant werden sollen. Es kann eine Leistungsart, ein Leistungsartenintervall oder eine Leistungsartengruppe eingegeben werden.

---

[16] F. Liening, SAP R/3, a.a.O., S. 125 f.
[17] F. Liening, SAP R/3, 1996, S. 123-129
[18] F. Liening, SAP R/3, a.a.O, S. 130 f.

Übersichtsbild und Periodenbild Leistungsarten/Tarife-Planung:
Für diese Eingabebilder gelten die Eigenschaften analog zur Planung der statistischen Kennzahlen. Folgende Angaben müssen hier gemacht werden:[19]

~ >LstArt<: Schlüssel der Leistungsart , die beplant werden soll.
~ >Planleistung<: In diesem Feld kann die geplante Menge von Leistungseinheiten der jeweiligen Leistungsart für den gesamten Planungszeitraum bzw. Periodenzeitraum eingegeben werden.
~ >Kapazität<: In diesem Feld kann die Kapazität der Kostenstelle, für die die Leistungsartenplanung durchgeführt wird, eingetragen werden. Sie beschreibt gleichzeitig die maximale Ausprägung, die die Planleistung im gesamten Planungszeitraum bzw. Periodenzeitraum einnehmen darf.
~ >VS<: Kennzeichen des Verteilungsschlüssels. Ein Verteilungsschlüssel kann sowohl für die Planleistung als auch für die Kapazität hinterlegt werden.
~ >EH<: Einheit der Leistungsart. Die Einheit wird von R/3 automatisch aus dem Leistungsartenstammsatz ermittelt. Eine Änderung im Rahmen der Planung ist nicht möglich.
~ >Tarif fix/Tarif var<: Fixe und variable Werte des Plantarifs für eine Einheit der Leistungsart. Wenn für eine Leistungsart politische Verrechnungspreise angesetzt werden sollen, können diese Felder manuell geplant werden. Erfolgt die Tarifermittlung iterativ, so werden diese Felder bei der Durchführung der Plantarifermittlung von R/3 gefüllt.
~ >TarEH<: Menge (Faktor) von Leistungseinheiten, auf die sich der Tarif bezieht. Wird in diesem Feld z.B. eine 10 eingetragen, so bezieht sich der fixe und variable Tarif auf 10 Einheiten der geplanten Leistungsart.
~ >PTK<: Plantarifkennzeichen. Das Plantarifkennzeichen hat Steuerungsfunktion für die Tarifermittlung. Mit ihm wird die Berechnungsbasis für die iterative Tarifermittlung festgelegt.
~ >D<: Kennzeichen Durchschnittstarif. Wird das Kennzeichen aktiviert, so wird bei der Tarifermittlung ein konstanter Durchschnittstarif für das gesamte Geschäftsjahr bzw. Periode ermittelt.
~ >VKostenart<: Vorschlagswert für eine sekundäre Kostenart, unter der die Be- und Entlastung bei der Verrechnung der Leistungsart erfolgt. Die Verrechnungskostenart wird von R/3 automatisch aus dem Leistungsartenstammsatz ermittelt und kann bei der Planung durch eine andere sekundäre Kostenart überschrieben werden.
~ >T<: Kennzeichen des Leistungsartentyps. Den Leistungsartentyp ermittelt R/3 automatisch aus dem Kennzahlenstammsatz. Eine Änderung im Rahmen der Planung ist nicht möglich.
~ >Ä-Ziffer<: werden auf einer Kostenstelle mehrere Leistungsarten geplant, so steuert die Äquivalenzziffer, wie die leistungsabhängig geplanten Kosten bei der Tarifermittlung auf die Leistungsarten verteilt werden.
~ >Disp.Lstg<: Die disponierte Leistung zeigt, wieviele Einheiten der Leistungsart im Rahmen der innerbetrieblichen Leistungsverrechnung an andere Kostenstellen verrechnet werden. Sie wird von R/3 automatisch aus der Leistungsaufnahmenplanung ermittelt.[20]

3.2.3. Planung der Primärkosten

Bei der Primärkostenplanung können die primären Kosten pro Kostenstelle und Kostenart wie folgt geplant werden:
~ Leistungsabhängig: Die primären Kosten werden abhängig von einer Leistungsart geplant. Dabei kann eine Differenzierung in fixe und variable Kostenbestandteile vorgenommen werden.
~ Leistungsunabhängig: Die Primärkosten werden nicht in Abhängigkeit von einer Leistungsart geplant. Bei der Planung können lediglich fixe Kosten geplant werden.

---

[19] F. Liening, SAP R/3, 1996. S. 130 f.
[20] Ebenda, S. 133 f.

12

Einstiegsbild Primärkostenplanung:
Es werden hier die Planversion, der Planungszeitraum sowie die Planungsobjekte (Kostenstellen/Leistungsarten/Kostenarten) festgelegt:
Version, Von Periode/bis Periode, Geschäftsjahr, Kostenstelle/bis/oder Gruppe, Leistungsart/bis/oder Gruppe. Diese Felder werden analog der Leistungsartenplanung ausgefüllt. Zusätzlich muss noch folgendes festgelegt werden:[21]

~ Kostenart/bis/oder Gruppe: Festlegung der Kostenarten, für die Planwerte erfasst werden sollen. Es kann eine Kostenart, ein Kostenartenintervall oder eine Kostenartengruppe eingegeben werden.

Übersichtsbild und Periodenbild Primärkostenplanung:
In den Zeilen des Übersichtsbilds werden die ausgewählten Kombinationen aus Leistungs- und Kostenarten angezeigt. Die Spalten haben folgende Inhalte bzw. Eingabemöglichkeiten:

~ >LstArt<: Schlüssel der Leistungsart, die beplant werden soll. Bei der leistungsunabhängigen Primärkostenplanung ist diese Feld weder gefüllt noch eingabebereit.
~ >Kostenart<: Kostenartennummer, Kostenart, die beplant werden soll.
~ >Kosten fix<: Feld zur Eingabe der fixen Kostenbestandteile der Kostenart für den gesamten Planungszeitraum.
~ >Kosten variabel<: Feld zur Eingabe der variablen Kostenbestandteile der Kostenart für den gesamten Planungszeitraum. Wird eine leistungsunabhängige Kostenplanung durchgeführt, ist dieses Feld nicht eingabebereit, da lediglich fixe Kosten als leistungsunabhängige geplant werden können.
~ >Verbrauch fix<: Eingabemöglichkeit für den leistungsunabhängigen Teil der Verbrauchsmengen, falls Verbrauchsmengen auf der zur Planung ausgewählten Kombination Kostenstelle/Kostenart geführt werden sollen.
~ >Verbrauch variabel<: Feld zur Eingabe des leistungsabhängigen Teils von Verbrauchsmengen.
~ >M<: Kennzeichen, ob Verbrauchsmengen geplant werden können. Das Kennzeichen wird von R/3 nur aktiv gesetzt, wenn sowohl die Kostenstelle als auch die Kostenart im Stammsatz zum Führen von Mengen freigegeben sind. Es kann während des Planungsvorgangs aktiv gesetzt werden.
~ >EH<: Einheit der Verbrauchsmenge.[22]

3.2.4. Planung der Sekundärkosten

Sekundäre Kosten sind das Ergebnis innerbetrieblicher Verrechnungen. Sie entstehen, wenn eine Kostenstelle zur Leistungserbringung wiederum Leistungen von einer anderen Kostenstelle bezieht. Bei der Sekundärkostenplanung in CO-OM müssen in einem ersten Schritt zunächst die innerbetrieblichen Leistungsbeziehungen mengenmäßig in Form von Leistungsaufnahmen abgebildet werden. Durch die Leistungsaufnahmenplanung wird die Struktur der direkten innerbetrieblichen Leistungsverrechnung durch die Definition von Sender- und Empfängerbeziehungen zwischen Kostenstellen aufgebaut. Die Bewertung der mengenmäßigen Leistungsbeziehungen erfolgt erst bei der späteren Tarifermittlung und führt damit zu den Sekundärkosten (Planleistungsaufnahme x Plantarif).
Es gibt 2 Arten der Sekundärkostenplanung:[23]

~ **Leistungsunabhängige Sekundärkostenplanung:** Basis dieser Planung ist die Planung der leistungsunabhängigen Leistungsaufnahmen. Eine solche liegt vor, wenn die von einer

---

[21] F. Liening, SAP R/3, 1996, S.135 f.
[22] F. Liening, a.a.O., S. 136 f.
[23] F. Liening, a.a.O., S.139 f.

Senderkostenstelle aufgenommene Leistungsartenmenge unabhängig von den Leistungsarten der Empfängerkostenstelle ist. Die geplante Leistungsartenmenge, die von der Empfängerkostenstelle aufgenommen wird, wird mit dem Plantarif der Senderleistungsart multipliziert und unter der entsprechenden sekundären Kostenart gebucht. Die Abläufe sind dabei wie folgt:

> o Die Senderkostenstelle wird um den Betrag, der sich aus dem Produkt geplanter Leistungsmenge und Tarif ergibt, entlastet.
> o Die Empfängerkostenstelle wird mit dem Produkt aus geplanter Leistungsmenge und Tarif belastet. Der Belastungsbetrag wird auf der Empfängerkostenstelle als fixer Sekundärkostenbetrag gebucht, da die Leistungsaufnahme unabhängig von der Leistung (Beschäftigung) der Kostenstelle erfolgt.

~ **Leistungsabhängige Sekundärkostenplanung:** Diese leistungsabhängige Planung basiert auf der Planung leistungsabhängiger Leistungsaufnahmen. Diese liegen vor, wenn die von der Senderkostenstelle aufgenommene Leistungsartenmenge von einer Leistungsart der Empfängerkostenstelle abhängig ist. Im Rahmen der leistungsabhängigen Sekundärkostenplanung wird bei den Be- und Entlastungsbuchungen eine Differenzierung in einen Gesamt- und einen fixen Betrag vorgenommen:[24]

> o Die Senderkostenstelle wird um den Betrag, der sich aus der Multiplikation von geplanter Leistungsmenge und Plantarif, gesplittet nach fixen und variablen Bestandteilen ergibt, entlastet.
> o Die Empfängerkostenstelle wird um den Betrag, der sich aus der Multiplikation von geplanter Leistungsmenge und Plantarif, gesplittet nach fixen und variablen Bestandteilen ergibt, belastet.

Einstiegsbild Leistungsaufnahmenplanung:
Hier werden die Planversion, der Planungszeitraum sowie die Planungsobjekte festgelegt. Folgende Angaben sind hierzu notwendig:[25]

> ~ <u>Kostenstelle/bis/oder Gruppe:</u> Festlegung der Kostenstellen, für die Leistungsaufnahmen geplant werden sollen. Bei den hier angegebenen handelt es sich um die Empfängerkostenstellen. Es besteht die Möglichkeit, die einzelne Kostenstelle, ein Kostenstellenintervall oder eine Gruppe anzugeben.
> ~ <u>Leistungsart/bis/oder Gruppe:</u> Festlegung der Leistungsarten der Empfängerkostenstellen, abhängig von denen die Aufnahme von Senderleistungsarten bei der leistungsabhängigen Leistungsaufnahmeplanung geplant werden sollen. Es kann eine Leistungsart, ein Leistungsartenintervall oder eine Leistungsartengruppe eingegeben werden. Wenn ausschließlich leistungsunabhängige Leistungsaufnahmen geplant werden, sind hier keine Eingaben erforderlich.
> ~ <u>Senderkostenstelle/bis/oder Gruppe:</u> Angabe der Senderkostenstellen, die die Leistungen abgeben. Auch hier können einzelne Werte, ein Intervall oder eine Gruppe eingegeben werden.
> ~ <u>Senderleistungsart/bis/oder Gruppe:</u> Festlegung der Leistungsart, die von der Senderkostenstelle an die Empfängerkostenstelle abgegeben wird. Es kann eine Leistungsart, ein Leistungsartenintervall oder eine Leistungsartengruppe eingegeben werden.

Übersichtsbild und Periodenbild Leistungsaufnahme ändern:
Die Spalten bieten folgende Eingabemöglichkeiten:

---

[24] F. Liening, SAP R/3, 1996, S. 140 f.
[25] F. Liening, a.a.O., S.144 f.

~ >E-Lart<: Schlüssel der Leistungsart der Empfängerkostenstelle. Bei der leistungunsabhängigen Leistungsaufnahmeplanung ist dieses Feld nicht gefüllt.
~ >Send.-Kost<: Schlüssel der Senderkostenstelle.
~ >S-Lart<: Schlüssel der Senderleistungsart.
~ >Verbrauch fix<: Feld zur Eingabe der Menge von Senderleistungsarten-Einheiten, die unabhängig von der Empfängerleistungsart aufgenommen werden.
~ >Verbrauch variabel<: Feld zur Eingabe der Menge von Senderleistungsarten-Einheiten, die abhängig von der Empfängerleistungsart aufgenommen werden. Bei der leistungsunabhängigen Leistungsaufnahmeplanung ist diese Feld nicht eingabebereit.
~ >VS<: Kennzeichen des Verteilungsschlüssels. Ein Verteilungsschlüssel kann sowohl für den fixen als auch für den variablen Verbrauch hinterlegt werden.
~ >EH<: Einheit der Leistungsart. Die Einheit wird von R/3 automatisch aus dem Leistungsartenstammsatz ermittelt. Eine Änderung im Rahmen der Planung ist nicht möglich.
~ Belastung fix/variabel: Summe der fixen bzw. Variablen Sekundärkosten, mit denen die Empfängerkostenstelle belastet wird. Die Werte werden von R/3 auf Basis der geplanten Leistungsaufnahmen und der manuell gesetzten oder iterativ ermittelten Plantarife automatisch ermittelt.
~ >Vkostenart<: Kostenart, unter der die Belastung der empfangenden und die Entlastung der sendenden Kostenstelle erfolgt. Die Verrechnungskostenart ermittelt R/3 aus dem Leistungsartenstammsatz der Senderleistungsart und kann nicht überschrieben werden.

3.2.5. Plantarifermittlung

Im Rahmen der Plantarifermittlung werden die Verrechnungspreise (Tarif) für die geplanten Leistungsarten ermittelt. Die Ermittlung der Plantarife erfolgt je Kostenstelle und Leistungsart, d.h. dass beispielsweise ein Plantarif für die auf einer Kostenstelle >Reparatur< geplante Leistungsart >Reparaturstunden< errechnet wird. Bei der Plantarifermittlung berücksichtigt R/3 alle im Rahmen der Leistungsaufnahmenplanung geplanten Leistungsbeziehungen zwischen den Kostenstellen und errechnet die Plantarife durch Division der Plankosten durch die Planleistung bzw. die Kapazität der Kostenstelle. Der bei der Tarifermittlung einer Leistungsart errechnete Gesamttarif einer Leistungsart setzt sich zusammen aus:[26]

~ dem iterativ ermittelten Tarif und
~ dem fixen Anteil am Tarif

Zur Bewertung der während der Leistungsaufnahmeplanung geplanten Leistungsbeziehungen zieht das SAP-System immer den Gesamttarif heran, d.h. in den aus der innerbetrieblichen Leistungsverrechnung resultierenden Sekundärkosten sind immer fixe Kostenbestandteile vorhanden.

Systemseitige Vorgehensweise bei der iterativen Tarifermittlung:
Die iterative Plantarifermittlung erfolgt schrittweise:[27]

1. Im ersten Schritt werden die primären Kosten der Kostenstelle durch ihre Planleistung bzw. Kapazität dividiert. Der errechnete Tarif dient zur Bewertung der geplanten Leistungsaufnahmen anderer Kostenstellen.

2. In den weiteren Schritten werden die errechneten Tarife für die Bewertung weiterer Leistungsbeziehungen herangezogen. Der genaue Tarif für eine Leistungsart auf einer bestimmten Kostenstelle wird durch mehrere Iterationsschritte bestimmt.

---

[26] F. Liening, SAP R/3, 1996, S. 143 f.
[27] F. Liening, a.a.O., S. 144 f.

3. Im Anschluss an die Ermittlung aller Plantarife führt R/3 eine Nachbewertung aller Leistungsbeziehungen durch.

Plankostensplittung:
Die Plankostensplittung dient der Ermittlung des fixen Anteils am Gesamttarif einer Leistungsart. Im Rahmen des Plankostensplittings werden die als leistungsunabhängig geplanten Kosten einer Kostenstelle auf die Leistungsarten dieser Kostenstelle verteilt. Durch die Splittung der leistungsunabhängig geplanten Kosten auf die Leistungsarten errechnet CO-OM den fixen Anteil am Gesamttarif.[28]

Verfahren der Tarifermittlung:
Man hat im SAP-System die Auswahl zwischen drei Verfahren der Tarifermittlung:

~ PeriodischerTarif: Die Kosten jeder einzelnen Periode werden durch die Leistungen der jeweiligen Periode geteilt. Bei diesem Verfahren kann es zu periodischen Tarifschwankungen kommen, wenn die Plankosten und/oder die Planleistung der Kostenstelle periodischen Schwankungen unterliegen. Diese Schwankungen sind insbesondere dann hoch, wenn die Ermittlung der fixen Tarifbestandteile auf Basis der Planleistung erfolgt.
~ Durchschnittstarif: Die Plankosten aller Perioden werden durch die Summe der Planleistungen aller Perioden dividiert. Dieses Verfahren gewährleistet, dass der Tarif in allen Perioden gleich hoch ist. Das Verfahren der Durchschnittstarif-Ermittlung kann auch bei der Leistungsartenplanung gewählt werden, indem das Kennzeichen >Durchschnittstarif< aktiviert wird.
~ Kumulierter Tarif: Beim Verfahren der kumulierten Tarifermittlung ergibt sich der Tarif einer Periode aus der Division der Summe der Plankosten durch die Summe der Planleistungen bis zur Betrachtungsperiode. Dabei werden Kostenschwankungen in einzelnen Perioden geglättet, indem die Leistungsaufnahmen, die mit den aus Vorperioden ermittelten Tarifen bewertet wurden, durch Ausgleichsbuchungen nachbewertet werden.[29]

Voraussetzung für die Plantarifermittlung ist eine abgeschlossene Kostenstellenplanung, d.h. folgende Planungsaktivitäten müssen zum Zeitpunkt der Tarifermittlung abgeschlossen sein:

~ Leistungsartenplanung
~ Leistungsabhängige und -unabhängige Primärkostenplanung
~ Leistungsabhängige und -unabhängige Leistungsaufnahmenplanung.[30]

4.0 Kostenstellenrechnung im CO-OM System

Gegenstand der folgenden Arbeit ist eine Kostenstellenrechnung im Plan und im Ist, einschließlich Soll-Ist-Vergleich. In der Systematik der SAP-Software ist die Kostenrechnung auf CO Controlling und EC Unternehmenscontrolling verteilt.

Die traditionellen Elemente der Kostenrechnung (Kostenstellen- und Kostenträgerrechnung) sind im SAP-System auf mehrere Module verteilt. Insbesondere umfasst die Kostenträgerrechnung vier Module: die Grundfunktionen, die Kostenträgerstückrechnung und Kostenträgerzeitrechnung und Marktsegmentrechnung

---

[28] F. Liening, SAP R/3, 1996, S. 145
[29] Ebenda
[30] Ebenda

Abbildung 5: Controlling Modul im SAP R/3 System

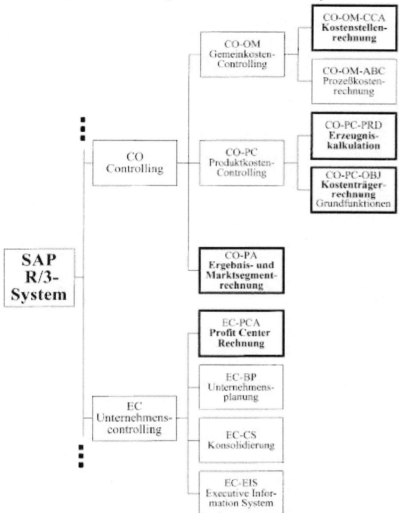

Entnommen aus: Klenger / Falk-Kalms, Kostenstellenrechnung mit SAP R/3,Wiesbaden 1999, S. 80

4.1 Kostenstellenrechnung im Gesamtzusammenhang der Kostenrechnung

Die Kostenrechnung wird traditionell in Kostenarten-, Kostenstellen- und Kostenträgerrechnung gegliedert entsprechend der zugeordneten Fragen:[31]

- welche Kosten sind angefallen z.B. Material, Personal, Energie usw.
    - wo, d.h. in welche Verantwortungsbereichen sind Kosten angefallen, z.B. Produktion, Vertrieb, Verwaltung usw.
    - wofür, d.h. für welche verkaufsfähigen Produkte sind die Kosten angefallen?

Diese Bestandteile werden jedoch zu zwei Auswertungen kombiniert:

- zur Kostenstellenrechnung (Kostenarten – Kostenstellen)
- zur Kostenträgerrechnung (Kalkulationszeilen – Kostenträger)

---

[31] Vgl., dazu auch Kapitel 3.1 f.

Die Kalkulationszeilen stellen, soweit Einzelkosten sind, Kostenarten dar, soweit sie Gemeinkosten sind, Kostenstellenkosten.

Die Kostenstellenrechnung wird einerseits als Zwischenschritt und Vorbedingung für die Kostenträgerrechnung gebraucht, andererseits hat sie eine selbständige Bedeutung, nämlich als Kontrollinstrument für die Gemeinkosten. Die Kostenstellenrechnung stellt bei einer Realisierung der Kostenrechnung gewöhnlich den ersten Schritt dar. Die Organisatorischen Voraussetzungen sind nicht so hoch wie bei der Kostenträgerrechnung. Daher ist sie als relativ leicht realisierbares Etappenziel auf dem Weg zu einer umfassenden Kostenrechnung zu sehen.[32]

In dem folgenden Abbild sieht man die Zusammenhänge zwischen Kostenarten-, Kostenstellen- und Kostenträgerrechnung.

Die Kostenarten werden in Einzelkosten und in Gemeinkosten aufgeteilt. Einzelkosten sind Kosten, die dem Kostenträger direkt zugerechnet werden (Produkt). Beispiele für Einzelkosten sind Fertigungsmaterial und Fertigungslohn. Da sie dem Kostenträger direkt zurechenbar sind, können sie direkt in die Kostenträgerrechnung übernommen werden und brauchen nicht durch die Kostenstellenrechnung gezogen werden.

Gemeinkosten sind hingegen Kosten, die dem Kostenträger nicht zurechenbar sind und daher wenigstens in der Kostenstellenrechnung nach Kostenstellen getrennt erfasst werden. Beispiele sind Gehaltskosten und Abschreibung.

Im nächsten Schritt werden Hilfskostenstellen auf Hauptkostenstellen umgelegt. Hilfskostenstellen sind Kostenstellen, die nicht direkt, sondern nur indirekt an der Leistungserstellung beteiligt sind. Zum Beispiel, der Fuhrpark erbringt seine Leistung für andere Kostenstellen. Diese Leistungsbringung kann verursachungsgerecht erfasst werden. Dagegen wäre es völlig unklar, wie man die Fuhrparkkosten im Kalkulationsschema unterbringen sollte, weil es nicht erfassbar ist, wie viel km für einzelne Produkte gefahren wurden. [33]

Hauptkostenstellen sind alle Kostenstellen, deren Kosten nicht auf andere Kostenstellen, sondern direkt auf die Kostenträger verrechnet werden. Daher dürfen als Hauptkostenstelle nur die Kostenstellen übrig bleiben, für die eine Zeile im Kalkulationsschema existiert. Dafür ist wiederum Voraussetzung, dass zwischen den Kosten in der Kalkulationszeile und dem Kostenträger ein nachvollziehbarer Zusammenhang besteht oder wenigstens plausibel angenommen werden kann.[34]

---

[32] Klenger/Falk-Kalms, Kostestellenrechnung mit SAP R/3, 1999, S. 86 f.
[33] Klenger / Falk-Kalms, a.a.O., Seite 73 ff.
[34] L. Haberstock, Kostenrechnung 1, Berlin 1998, Seite 113

Abbildung 6: Überleitung vom Betriebsergebnis zur Kostenträgerrechnung

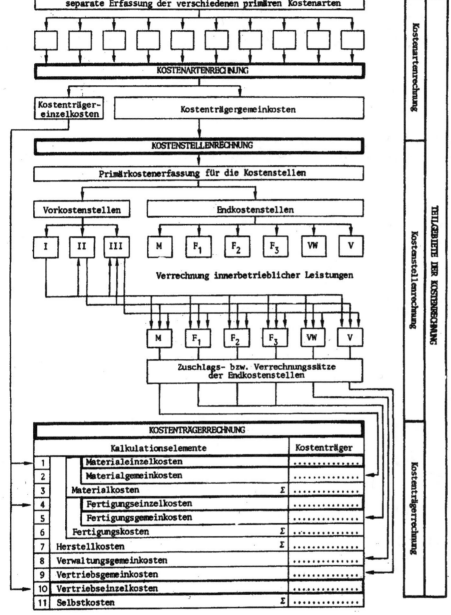

Entnommen aus: Hummel / Mängel, Kostenrechnung 1, Gabler Verlag, 3. Auflage 1983, S. 130

4.2 Grundschema der Kostenstellenrechnung

Die Kostenstellenrechnung ist in der Auswertungssicht ein zweidimensionales Schema, dessen Vorspalte die Kostenarten und dessen Kopfzeile die Kostenstellen aufnimmt. Diese Grundstruktur ist auf der Seite der Kostenarten zu ergänzen, so dass sich insgesamt für die vertikale Dimension folgende Mindestgliederung ergibt:[35]

---

[35] Klenger/Falk-Kalms, Kostenstellenrechung mit SAP R/3, 1999, S. 81f.

-Primärkosten
-Bezugsgrößen
-Innerbetriebliche Leistungsverrechnung
-Kalkulationsparameter
-Abstimmung mit der Kostenträgerrechnung

Auf der Seite der Kostenstellen als horizontaler Dimension ist je Kostenstelle zu ergänzen:

-Plan
-Soll/Ist
-Abweichung

Dabei ist in einer Teilkostenrechnung jeweils nach variablen und fixen Anteilen zu unterscheiden. Im übrigen sind die beiden Dimensionen für die Abrechnungsobjekte Hierarchien für Kostenarten, Bezugsgrößen, Kostenstellen zu bilden zum Zweck der Verdichtung.[36]

Abbildung 7: Grundschema der Kostenstellenrechnung

"Kostenstellen" (Hierarchie)			
je Kostenstelle			
Plan	**Soll**	**Ist**	**Abw**
var/fix/ges	var/fix/ges	var/fix/ges	var/fix/ges

"Ko-sten-ar-ten"	**Primärkosten** (Hierarchie)
	Bezugsgrößen (Hierarchie)
	Innerbetriebliche Leistungsverrechnung
	Kalkulationsparameter
	Abstimmung mit der Kostenträgerrechnung

Entnommen aus: Klenger/Falk-Kalms, Kostenstellenrechnung mit SAP R/3, Wiesbaden 1999, S. 82

4.3 Stammdaten für Haupt- und Nebenbuchhaltung

In der Kostenstellenrechnung des SAP R/3 Controllings wird zwischen Stammdaten und Bewegungsdaten unterschieden. Bewegungsdaten sind Daten, die im laufenden System permanent, d.h. vorgangsorientiert hinzugefügt oder verändert werden. Sie entstehen beispielsweise aufgrund der Veränderung von Plandaten. Im Gegensatz dazu legen die Stammdaten die Struktur des Systems CO fest. Die Stammdaten unterliegen im laufenden Systembetrieb bzw. in den einzelnen Abrechungsperiode nur geringfügigen Änderungen.

---

[36] Klenger/Falk-Kalms, Kostenstellenrechnung mit SAP R/3, 1999, S. 82

Ein Sachkontenstammsatz enthält Informationen, die das Erfassen und Buchen von Geschäftsvorfällen auf das zugehörige Konto und die Verarbeitung der Buchungsdaten steuern. Die Daten des Stammsatzes sind verteilt auf einen Kontenplanbereich und einen buchungskreisspezifischen Bereich. [37]

Abbildung 8: Hierarchie der Sachkontenstammdaten

Hierarchie der Sachkontenstammdaten

Sachkontenstammsatz	
Kontenplanbereich	buchungskreisspezifischer Bereich
z.B.: - Kontonummer - Bezeichnung - Kontengruppe	z.B.: - Währung - Abstimmkonto für Kontoart - Feldstatusgruppe

Entnommen aus: Klenger/Falk-Kalms, Kostenstellenrechnung mit SAP R/3, Wiesbaden 1999, S. 160

Mit der Teilungsmöglichkeit der Stammdaten kann man jedenfalls in zentral organisierten Unternehmen erreichen, dass die auf Kontenplanebene vorgegebenen Daten für alle untergeordneten Buchungskreise gelten und dass aber zusätzlich auch buchungskreisspezifische Daten möglich sind.[38]

4.4 Kostenarten

Die Definition von Kostenarten in der Kostenstellenrechnung steht in engem Zusammenhang mit den Sachkonten der Finanzbuchhaltung, da das Rechnungswesen im SAP-System als Einkreissystem gestaltet ist. Bei einem Einkreissystem werden die primären Kosten- und Erlösarten aus den Aufwands- und Ertragskonten der Gewinn- und Verlustrechnung übernommen. Somit wird kein zweiter Abrechungskreis für die Kostenrechnung aufgebaut. Für die Pflege der Kostenarten im System CO-CCA muss deshalb zwischen primären Kosten- und sekundären Kostenarten unterschieden werden.

Bereits beim Funktionsaufruf muss entschieden werden, ob eine primäre oder sekundäre Kostenart angelegt werden soll.[39]

4.4.1 Primäre Kostenarten anlegen

Eine primäre Kostenart kann nur angelegt werden, wenn sie zuvor im Kontenplan als Sachkonto verzeichnet und in der Finanzbuchhaltung als Konto angelegt wurde.

Ich habe in der Hausarbeit eine virtuelle Firma mit einem Kostenkontenkreis angelegt mit der ich in den nächsten Abschnitten arbeiten werde.

In der Abbildung habe ich die Kostenartengruppe der Beispiel Firma graphisch dargestellt. Die Beispiele beziehen sich dann auf diese Kostenartengruppe.

[37] SAP AG, www.http://help.sap.com, Glossar, April 2001
[38] Klenger/Falk-Kalms, Kostenstellenrechnung mit SAP R/3, 1999, S. 161f.
[39] F. Liening, SAP R/3 Controlling, Markt und Technik Buch und Softwareverlag GmbH, München 1996, S.86f.

Abbildung 9: Kostenartengruppe Beispiel Firma

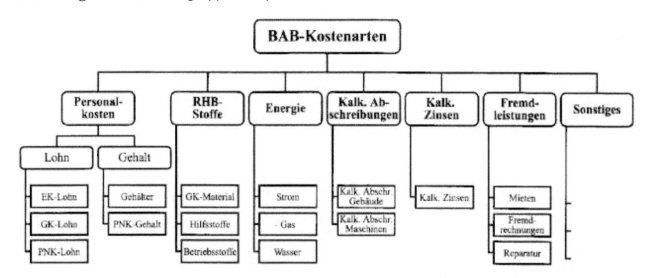

Enntommen aus: Klenger/Falk-Kalms, Kostenstellenrechnung mit SAP R/3, Wiesbaden 1999, S. 186

Ich habe in den folgenden Abschnitten auf eine Seite Anzeige und Eingabe bzw. Auswahl gleichzeitig dargestellt um damit die mühsame Suche nach den Abbildungen in den Anhang zu sparen.

Anzeige	Eingabe / Auswahl
SAP Eingangmenü: 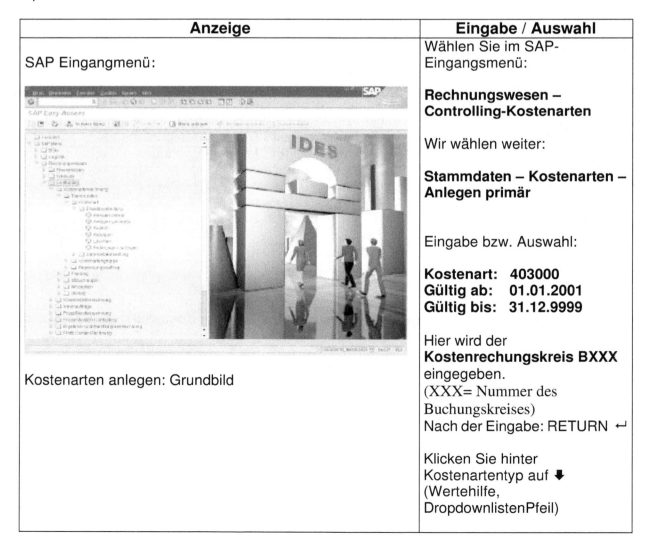 Kostenarten anlegen: Grundbild	Wählen Sie im SAP-Eingangsmenü: **Rechnungswesen – Controlling-Kostenarten** Wir wählen weiter: **Stammdaten – Kostenarten – Anlegen primär** Eingabe bzw. Auswahl: **Kostenart: 403000** **Gültig ab: 01.01.2001** **Gültig bis: 31.12.9999** Hier wird der **Kostenrechungskreis BXXX** eingegeben. (XXX= Nummer des Buchungskreises) Nach der Eingabe: RETURN ↵ Klicken Sie hinter Kostenartentyp auf ⬇ (Wertehilfe, DropdownlistenPfeil)

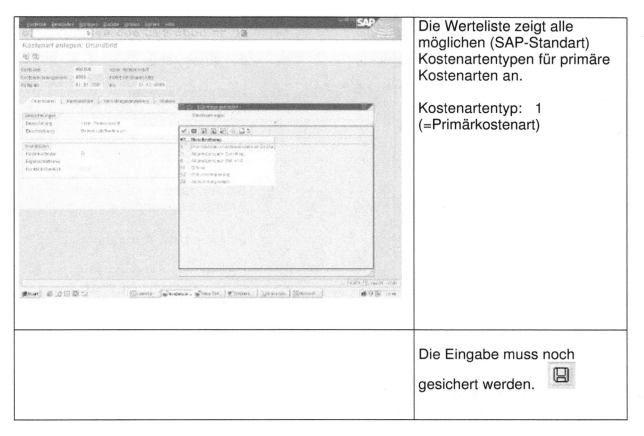

	Die Werteliste zeigt alle möglichen (SAP-Standart) Kostenartentypen für primäre Kostenarten an. Kostenartentyp: 1 (=Primärkostenart)
	Die Eingabe muss noch gesichert werden.

Die weiteren Primären Kostenarten werden nach Eingabetabelle 3 angelegt.

Tabelle 1: Primäre Kostenarten

Primäre Kostenarten

Kostenart	Gültig ab	Gültig bis	Bezeichnung	Kostenartentyp
403000	01. 01.2001	31.12.9999	verbr. Betriebsstoffe	01
415000	02. 01.2001	31.12.9999	Energiekosten	01
417000	03. 01.2001	31.12.9999	Fremdreparaturen	01
420000	04. 01.2001	31.12.9999	Fertigungslohn	01
421000	05. 01.2001	31.12.9999	Gemeinkostenlohn	01
425000	06. 01.2001	31.12.9999	eff. PNK-Lohn	01
429000	07. 01.2001	31.12.9999	verr. PNK-Lohn	**03**
430000	08. 01.2001	31.12.9999	Gehälter	01
435000	09. 01.2001	31.12.9999	eff. PNK-Gehalt	01
439000	10. 01.2001	31.12.9999	verr. PNK-Gehalt	**03**
476900	11. 01.2001	31.12.9999	sonst. Kosten	01
481000	12. 01.2001	31.12.9999	kalk. AfA	01
483000	13. 01.2001	31.12.9999	kalk. Zinsen	01

Entnommen aus: Klenger/Falk-Kalms, Kostenstellenrechnung mit SAP R/3, 2. Auflage, Wiesbaden 1999, Anhänge Eingabetabellen S. 385 ff.

4.4.2 Sekundäre Kostenarten anlegen

Sekundäre Kostenarten werden nur in der Kostenrechnung genutzt und dürfen daher in der Finanzbuchhaltung nicht vorkommen. Beim Anlegen sekundärer Kostenarten prüft das System, ob das Konto von der Finanzbuchhaltung belegt ist. In diesem Fall wird die Anlegefunktion abgewiesen.

Anzeige SAP Menü	Eingabe
SAP Menü Kostenart anlegen: Einstiegsbild: 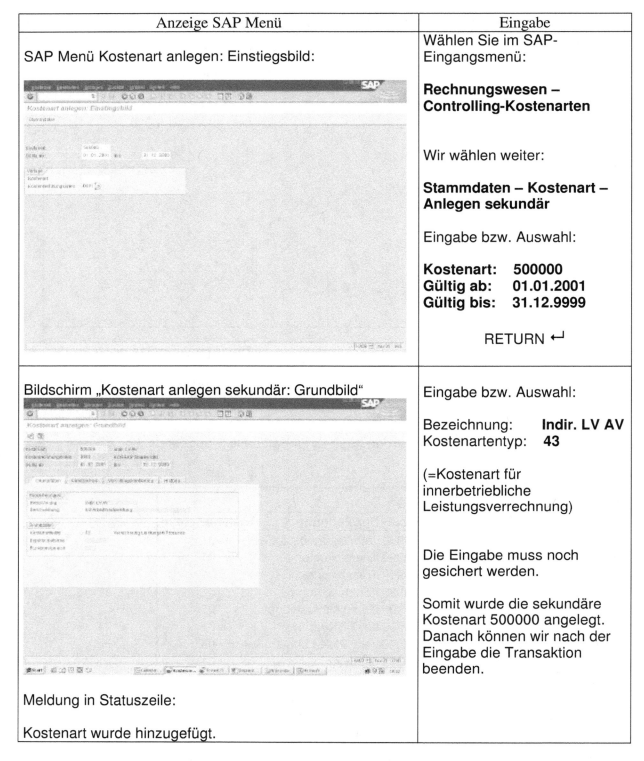	Wählen Sie im SAP-Eingangsmenü: **Rechnungswesen – Controlling-Kostenarten** Wir wählen weiter: **Stammdaten – Kostenart – Anlegen sekundär** Eingabe bzw. Auswahl: **Kostenart: 500000** **Gültig ab: 01.01.2001** **Gültig bis: 31.12.9999** RETURN ↵
Bildschirm „Kostenart anlegen sekundär: Grundbild" Meldung in Statuszeile: Kostenart wurde hinzugefügt.	Eingabe bzw. Auswahl: Bezeichnung: **Indir. LV AV** Kostenartentyp: **43** (=Kostenart für innerbetriebliche Leistungsverrechnung) Die Eingabe muss noch gesichert werden. Somit wurde die sekundäre Kostenart 500000 angelegt. Danach können wir nach der Eingabe die Transaktion beenden.

Tabelle 2: Sekundäre Kostenarten

Sekundäre Kostenarten				
Kostenart	Gültig ab	Gültig bis	Bezeichnung	Kostenartentyp
500000	01. 01.2001	31.12.9999	indirekte LV AV	43
510000	02. 01.2001	31.12.9999	ILV Fuhrpark	43
520000	03. 01.2001	31.12.9999	ILV Wartung	43
530000	04. 01.2001	31.12.9999	ILV Reparatur	43

Entnommen aus: Klenger/Falk-Kalms, Kostenstellenrechnung mit SAP R/3, 2. Auflage, Wiesbaden 1999, Anhänge Eingabetabellen S. 385 ff.

Nach der Eingabe der Kostenarten sollten die Kostenarten im Kostenartenhierarchie zusammengefasst werden. Kostenartenhierarchien können beispielsweise zum Erstellen eines Betriebsabrechnungsbogens verwendet werden oder auch zur Vereinfachung der Kostenstellenplanung oder der Definition von Sender- und Empfängerregeln für die indirekte Leistungsverrechnung. Es wird folgendermaßen vorgegangen:

Anzeige	Eingabe / Auswahl
Bildschirm „Kostenartengruppe anlegen: Einstiegsbild" 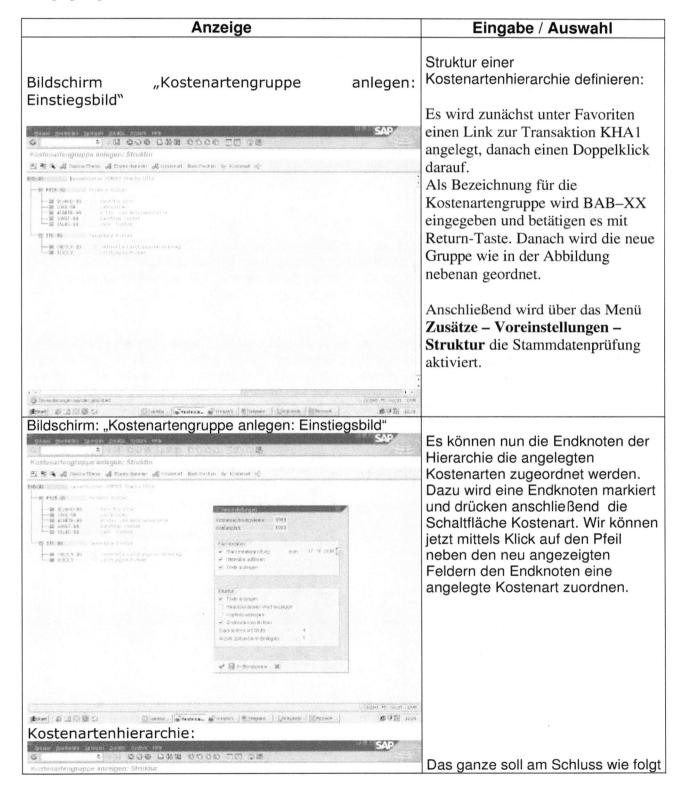	Struktur einer Kostenartenhierarchie definieren: Es wird zunächst unter Favoriten einen Link zur Transaktion KHA1 angelegt, danach einen Doppelklick darauf. Als Bezeichnung für die Kostenartengruppe wird BAB–XX eingegeben und betätigen es mit Return-Taste. Danach wird die neue Gruppe wie in der Abbildung nebenan geordnet. Anschließend wird über das Menü **Zusätze – Voreinstellungen – Struktur** die Stammdatenprüfung aktiviert.
Bildschirm: „Kostenartengruppe anlegen: Einstiegsbild"	Es können nun die Endknoten der Hierarchie die angelegten Kostenarten zugeordnet werden. Dazu wird eine Endknoten markiert und drücken anschließend die Schaltfläche Kostenart. Wir können jetzt mittels Klick auf den Pfeil neben den neu angezeigten Feldern den Endknoten eine angelegte Kostenart zuordnen.
Kostenartenhierarchie:	Das ganze soll am Schluss wie folgt

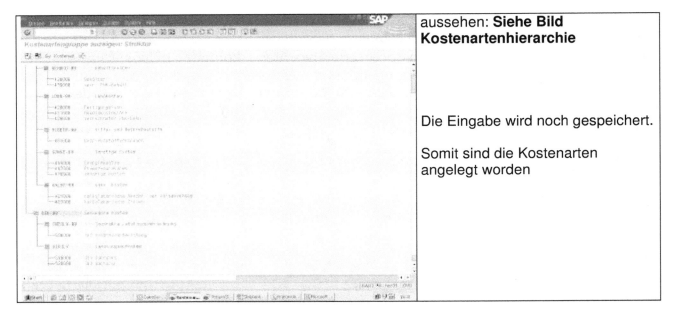

aussehen: **Siehe Bild
Kostenartenhierarchie**

Die Eingabe wird noch gespeichert.

Somit sind die Kostenarten
angelegt worden

4.5 Kostenstellen

Die Kostenstellen dienen zur Erfassung und Weiterverrechnung von Gemeinkosten. Sie stellen die kleinsten Verantwortungsbereiche im Unternehmen dar und werden um Zweck eines Gemeinkosten- Controlling zu Steuerungs-rund Entscheidungsbereichen zusammengefasst. Dieser Sachverhalt wird auch in der Kostenstellenrechnung des SAP R/3 Controllings nachgebildet.

Bevor Kostenstellen angelegt werden können, muss eine hierarchische Kostenstellenstruktur definiert sein. Diese wird als Standardhierarchie bezeichnet und dem Kostenrechnungskreis direkt zugeordnet. Sie ist damit gegenüber möglichen anderen Kostenstellenhierarchien ausgezeichnet. Jede Kostenstelle muss beim Anlegen einem Knoten der untersten Hierarchie-Ebene der Standarthierarchie zugeordnet werden. So werden bei Auswertungen innerhalb der Standardhierarchie alle Kostenastellen vollständig erfasst. Ebenso wie für Kostenarten wird auch für Kostenstellen eine Beispiel Hierarchie für unseren Hausarbeit aufgebaut, indem Kostenstellen zu Gruppen, diese zu Obergruppe zusammengefasst werden. Die Oberbegriffe sind selbst keine Kostenstellen, sondern reine Verdichtungsbegriffe.

Abbildung 10: Kostenstellen-Standardhierarchie der Beispie Firma

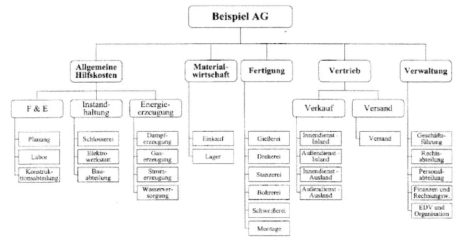

Entnommen aus: Klenger/Falk-Kalms, Kostenstellenrechnung mit SAP /R3, Wiesbaden 1999, S. 188

26

4.5.1 Struktur der Kostenstellenstandardhierarchie definieren

Anzeige	Eingabe / Auswahl
SAP Eingangsmenü: 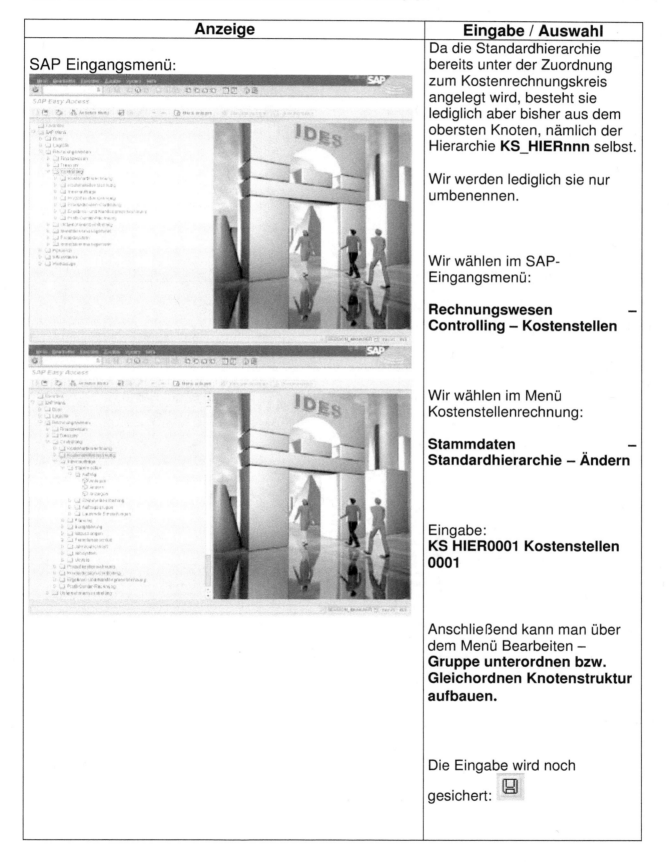	Da die Standardhierarchie bereits unter der Zuordnung zum Kostenrechnungskreis angelegt wird, besteht sie lediglich aber bisher aus dem obersten Knoten, nämlich der Hierarchie **KS_HIERnnn** selbst. Wir werden lediglich sie nur umbenennen. Wir wählen im SAP-Eingangsmenü: **Rechnungswesen –** **Controlling – Kostenstellen** Wir wählen im Menü Kostenstellenrechnung: **Stammdaten –** **Standardhierarchie – Ändern** Eingabe: **KS HIER0001 Kostenstellen 0001** Anschließend kann man über dem Menü Bearbeiten – **Gruppe unterordnen bzw. Gleichordnen Knotenstruktur aufbauen.** Die Eingabe wird noch gesichert:

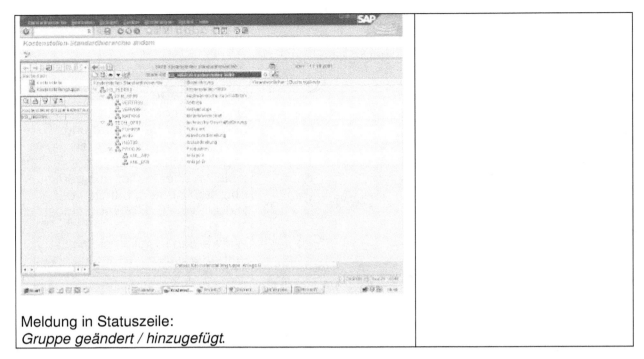

Meldung in Statuszeile:
Gruppe geändert / hinzugefügt.

4.5.2 Kostenstellen anlegen

Anzeige	Eingabe / Auswahl
Bildschirm „Kostenstelle anlegen: Anforderungsbild" 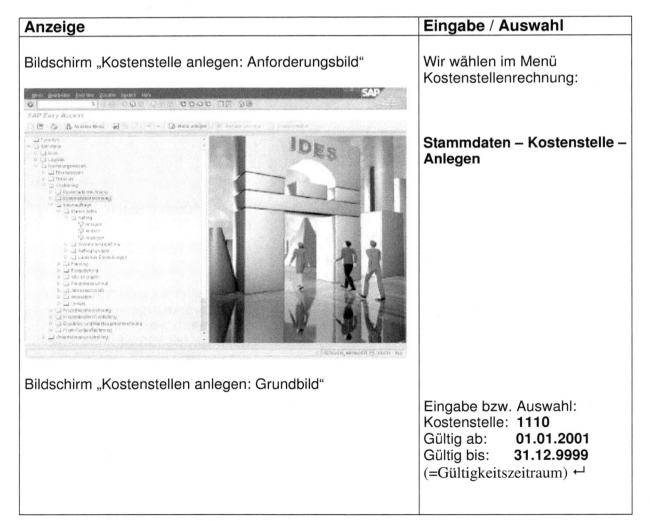 Bildschirm „Kostenstellen anlegen: Grundbild"	Wir wählen im Menü Kostenstellenrechnung: **Stammdaten – Kostenstelle – Anlegen** Eingabe bzw. Auswahl: Kostenstelle: **1110** Gültig ab: **01.01.2001** Gültig bis: **31.12.9999** (=Gültigkeitszeitraum) ↵

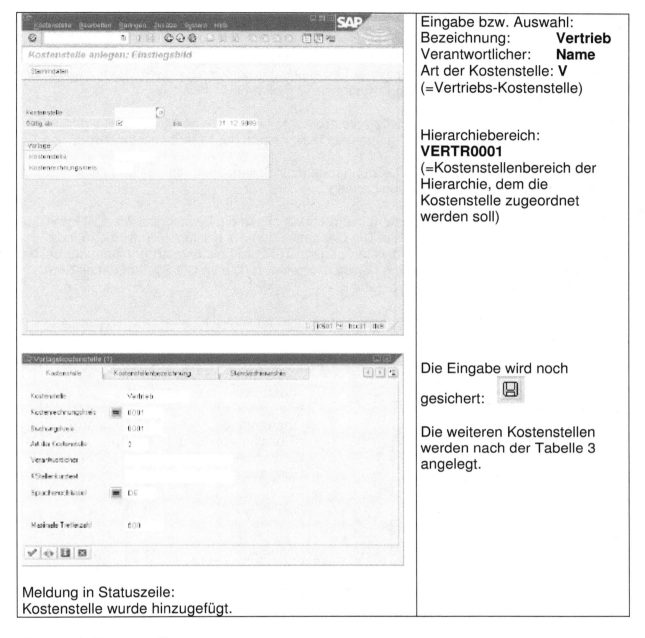

Eingabe bzw. Auswahl:
Bezeichnung: **Vertrieb**
Verantwortlicher: **Name**
Art der Kostenstelle: **V**
(=Vertriebs-Kostenstelle)

Hierarchiebereich:
VERTR0001
(=Kostenstellenbereich der
Hierarchie, dem die
Kostenstelle zugeordnet
werden soll)

Die Eingabe wird noch

gesichert:

Die weiteren Kostenstellen
werden nach der Tabelle 3
angelegt.

Meldung in Statuszeile:
Kostenstelle wurde hinzugefügt.

Tabelle 3: Kostenstellen

Kostenstellen

Kostenstelle	gültig ab	gültig bis	Bezeichnung	Kostenstellenart
1110	01.01.2001	31.12.9999	Vertrieb	V
1120	01.01.2001	31.12.9999	Verwaltung	W
1130	01.01.2001	31.12.9999	Materialwirtschaft	M
1210	01.01.2001	31.12.9999	Fuhrpark	H
1220	01.01.2001	31.12.9999	Arbeitsvorbereitung	H
1230	01.01.2001	31.12.9999	Instandhaltung	H
1241	01.01.2001	31.12.9999	Anlage A	F
1242	01.01.2001	31.12.9999	Anlage B	F

Entnommen aus: Klenger/Falk-Kalms, Kostenstellenrechnung mit SAP R/3, 2. Auflage, Wiesbaden 1999,
Anhänge Eingabetabellen S. 385 ff.

29

4.6 Leistungsarten anlegen

Im CO-System werden die aus dem betriebswirtschaftlichen Sprachgebrauch bekannten Bezugsgrößen als Leistungsarten bezeichnet. Sie stellen Maßgrößen für die Kostenverursachung dar, mit deren Hilfe sich der Output einer Kostenstelle beschreiben lässt.

Mit anderen Worten: Leistungsarten stellen die erbrachte Leistung einer Kostenstelle dar und werden in Mengen- oder Zeiteinheiten gemessen (z.B. Anzahl der Fertigungsstunden).

In der Kostenstellenrechnung werden Leistungsarten zur Sollkostenermittlung und zur innerbetrieblichen Leistungsverrechnung benötigt.

In bezug auf die inner betriebliche Leistungsverrechung bilden die Leistungsarten die Grundlage für die Ermittlung der Verrechnungstarife: Die Gesamtkosten der Kostenstelle wird durch die geplante Leistung der Leistungsarten dividiert und ein Tarif pro Leistungsart ermittelt, der bei der innerbetrieblichen Leistungsverrechnung herangezogen wird. Die im CO System definierten Leistungsarten werden als Stammsätze geführt.

Anzeige	Eingabe / Auswahl
Bildschirm „Leistungsarten anlegen: Anforderungsbild"	Wir wählen im Menü Kostenstellenrechnung: Stammdaten – Leistungsart – Einzelbearbeitung - Anlegen Eingabe bzw. Auswahl: Leistungsart: **GKM** Gültig ab: **01.01.2001** Gültig bis: **31.12.9999** ↵
Bildschirm „Leistungsarten anlegen: Einstiegsbild"	Eingabe bzw. Auswahl: Bezeichnung: **gefahrene Kilometer** Kostenart: **510000** (=Verrechnungskostenart, hier: ILV Fuhrpark) Die Eingabe muss noch gesichert

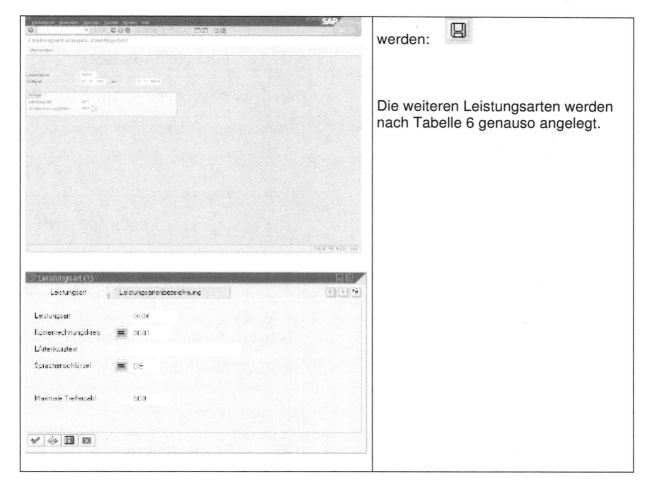

werden: 🖫

Die weiteren Leistungsarten werden
nach Tabelle 6 genauso angelegt.

Tabelle 4: Leistungsarten

Tabelle: Leistungsarten

Leistungsart	gültig ab	gültig bis	Bezeichnung	Leistungs-einheit	Kosten-stellen-Arten	Verrechnung mögl ich	Leistungs-artentyp	Kostenart
GKM	01.01.2000	31.12.9999	gefahrene Kilometer	KM	H	X	1	510000
WART	01.01.2000	31.12.9999	Wartungsstunden	STD	H	X	1	520000
REP	01.01.2000	31.12.9999	Reparaturstunden	STD	H	X	1	530000
AVST	01.01.2000	31.12.9999	Arb.Vorb.-Stunden	STD	H	X	3	500000
MST	01.01.2000	31.12.9999	Mat.Wirt.-stunden	STD	M		4	
FST	01.01.2000	31.12.9999	Fertigungsstunden	STD	F		4	

Entnommen aus: Klenger/Falk-Kalms, Kostenstellenrechnung mit SAP R/3, 2. Auflage, Wiesbaden 1999,
Anhänge Eingabetabellen S. 385 ff.

4.6.2 Leistungsartengruppe anlegen

Die Leistungsarten der Kostenstelle können zur Erleichterung der Leistungsartenplanung zu einer
Leistungsartengruppe zusammengefasst werden. Dazu nehmen wir in unserem Beispiel die
Leistungsarten Reparaturstunden und Wartungsstunden der Kostenstelle Instandhaltung. Diese
Leistungsarten sind bereits eingegeben und werden in unserem folgenden Beispiel zu einer
Leistungsartengruppe zusammengefasst.

31

Anzeige	Eingabe / Auswahl
Bildschirm „Leistungsartengruppe anlegen: Einstiegsbild"	Menü Kostenstellenrechnung: Stammdaten – Leistungsartengruppe – Anlegen Eingabe bzw. Auswahl: Leistungsartengruppe: **LA_INST0001** ↵ Eingabe: **Leistungsarten Instandhaltung** Klick auf **[werte pflegen....]** Eingabe von: **REP Reparaturstunden** **WART Wartungsstunden** ↵ Die weiteren Leistungsarten werden nach Eingabetabelle 6 eingegeben. Die Eingabe muss noch gesichert werden: 💾
Meldung in Statuszeile: *Gruppe geändert/hinzugefügt.*	Somit ist die Leistungsartengruppe angelegt.

4.7 Innenaufträge für Abgrenzung

Innenaufträge dienen in der Regel der Planung, Sammlung und Abrechnung der Kosteninnerbetrieblicher Maßnahmen und Aufgaben. Zur Übertragung der Personalnebenkosten (für Löhne und Gehälter) aus FiBu sollen als Abgrenzungsobjekte innerbetriebliche Aufträge zwischengeschaltet werden, die ein Entlastungen aufnehmen. So wird jederzeit der Saldo Personalnebenkosten zwischen Finanzbuchhaltung und Kostenrechnung ausweisen und in das Betriebsergebnis übernehmen.

Anzeige	Eingabe / Auswahl
Menü innenaufträge:	Dazu navigieren wir im SAP-Menü wie folgt: Rechnungswesen – Controlling –

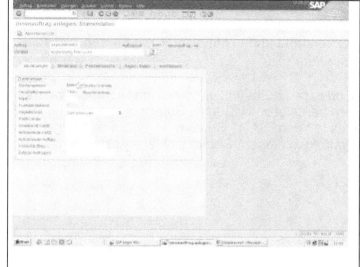

Aufträge

Und im Menü innenaufträge:

Stammdaten – Auftrag – Anlegen

Als Auftragsart wird „Innenauftrag/Abgrenzung" 9A00 gewählt und drücken danach Return. Wir setzen danach Kostenrechnungskreis. Der Auftrag heißt: **9A9990000001**
Wir löschen danach die Defaultangaben zu Profit-Center und verantw. Kostenstelle

Für den Auftrag Abgrenzung wiederholen wir das gleiche noch mal uns setzen, Abgrenzung **PNK-Gehalt** mit der Auftragsnummer **9A9990000002**

Die Transaktion wird noch gesichert:

5.0 Fazit

Die SAP R/3-Software ist mit Sicherheit, mit all seinen Möglichkeiten, ein sehr effizientes und modernes Werkzeug um ein Unternehmen zu steuern. Mit seiner Hilfe kann man jeden Teilbereich eines Unternehmens bis ins kleinste Detail abbilden und organisieren. Es ist ein Informationssystem, dass es ermöglicht über jeden gewünschten Vorgang zu jeder gewünschten Zeit im Unternehmen unterrichtet zu sein.

Die R/3-Software ist jedoch auch eine sehr komplexe Software. Dies zeigt allein das Beispiel dieser Hausarbeit. In ihr wurden die Möglichkeiten der Realisierung einer Cost Center bezogenen Kostenplanung und -kontrolle in der Komponente CO-OM (Gemeinkostencontrolling) des Moduls CO (Controlling) aufgezeigt. Dies konnte an dieser Stelle, aus Umfangsgründen nur sehr oberflächlich und stückweise geschehen. Um dieses Thema und allein nur die Komponente CO-OM detailliert und umfassend zu beschreiben, könnte man ein 500-seitiges Buch füllen. Dieses Beispiel zeigt auch den Nachteil dieser Software auf.

Um diese, mit Sicherheit nicht ganz billige Software, für das Unternehmen effizient einzusetzen, bedarf es eines sehr gut und intensiv geschulten Personals, dass es auch versteht die Möglichkeiten des Systems in ihrer täglichen Arbeit auszuschöpfen. Ansonsten wird die Anschaffung einer solchen umfassenden Software für das Unternehmen schnell unrentabel, da neben den Anschaffungs- und Implementierungskosten u.a. auch laufende Kosten entstehen sowie gegebenenfalls auch noch die notwendige Hardware gekauft werden muss. Dies bedeutet für ein Unternehmen eine Investition die wohlüberlegt sein will, die sich aber bei richtiger Handhabung mit Sicherheit auszahlt.

Mittlerweile bietet die SAP AG schon die Weiterentwicklung der SAP/R3-Software an, diese wurde an die Ansprüche einer modernen Software im Internetzeitalter angepasst und heißt mySAP.com! Mit mySAP.com möchte SAP AG verstärkt in den Mittelstand eindringen und so eine Lösung nicht nur für Grossunternehmen anbieten.[40]

Mein persönliche Meinung ist das dieses Software in Zukunft in den Unternehmen verstärkt eingesetzt wird so damit ein Bedarf an Beratern benötigt wird. Dieses Software sollte in der HWP verstärkt weiter eingesetzt werden. Daher ist es mit dem SAP - Customizing Kurs das angeboten wird ein weiterer Schritt für Studenten sich verstärkt in diesem Gebiet sich zu spezialisieren.

Literaturverzeichnis

[1]   Franz Klenger, Ellen Falk-Klams, Kostenstellenrechnung mit SAP R/3, Gabler Verlag, „. Auflage Wiesbaden 1999

[2]   Frank Liening, SAP R/3 Controlling, Markt & Technik Buch- und Software-Verlag GmbH, München 1996

[3]   Keller/Teufel: SAP R/3 prozessorientiert anwenden, Addison Wesley Longman Verlag GmbH, Bonn 1998

[4]   Klaus Dellmann, Kosten- und Leistungsrechnung Band 2., München 1993, Seite 351-352

[5]   Lothar Haberstock, Kostenrechnung 1 Einführung, Erich Schmidt Verlag, Berlin 1998

[6]   SAP AG, http://help.sap.com/saphelp_46c, SAP AG Release 4.6C, April 2001

[7]   SAP AG, www.sap.de, Pressemitteilung vom 20.08.01

[8]   SAP AG: www.sap.de, Pressemitteilung vom 23.10.2000

[9]   SAP AG, www.http://help.sap.com, Glossar, April 2001

[10]   Sapinfo.net Das SAP MAGAZIN, Nr. 83 / Juni 2001

[11]   Winfried Mellwig, Betriebswirtschaft (Kompendium für das Examen zum VBH/WP), Hamburg 1995

[12]   W. Kilger, Einführung in die Kostenrechnung, 3. Auflage, Wiesbaden 1987, Seite 154-264

[13]   W. Kilger, Betriebliches Rechnungswesen, Wiesbaden 1987, S.882-884

---

[40] Portrait, Sapinfo.net/praxis, Magazin Nr. 83 Juni 2001, S. 58f.